El autobús mágico
DENTRO DE UN HURACÁN

GOTAS DE LLUVIA CAEN SOBRE MI CABEZA

LA TEMPESTAD

TRUENOS

RAYOS

Y CENTELLAS

A mal tiempo buena cara

GLOBO SONDA

ARRIBA ARRIBA Y ADIÓS!

El autobús mágico
DENTRO DE UN HURACÁN

por Joanna Cole
Ilustrado por Bruce Degen

Traducido por Pedro González Caver

SCHOLASTIC INC.

New York   Toronto   London   Auckland   Sydney

La autora y el ilustrador agradecen al Dr. Robert C. Sheets, director del Centro Nacional de Huracanes y al Dr. Daniel Leathers, meteorólogo del estado de Delaware, de la Universidad de Delaware por su asistencia en la preparación de este libro.

Originally published in English as *The Magic School Bus Inside a Hurricane*.

ISBN 0-590-94365-0

12 11 10 9 8 7 6 5 4 3 2   6 7 8 9/9 0 1/0

Printed in the U.S.A.   08

First Scholastic printing, September 1996

El ilustrador utilizó pluma y tinta, acuarela, lápices de colores y aguazo
para los dibujos de este libro.

Supervisora de la producción Angela Biola
Diseñado por Bruce Degen

Dedicado a la editora del Autobús Mágico
en reconocimiento por su trabajo:
A Phoebe Yeh
Nuestro rayo de sol

J.C. & B.D.

¿Has oído hablar de nuestra maestra, la señorita Carola? Su ropa es estrafalaria, su autobús escolar está chiflado y sus excursiones educativas son extrañas. Siempre que estudiamos algo en su clase en verdad lo hacemos a fondo.

Estábamos estudiando el clima.
Todo lo que había en el salón se refería a la lluvia, la nieve, el Sol o el viento. Cada uno de nosotros hacía un trabajo sobre el clima. Hasta escuchábamos los informes meteorológicos en la radio de la señorita Carola.

LA SUMA DE HOY

ORTOGRAFÍA

Sol   Viento
lluvia   nieve
llovizna   aguanieve
granizo   huracán
no   olvides
tu   paraguas

¡EN MI OTRA ESCUELA NO TENÍAMOS TANTOS TRABAJOS!

¡EN MI OTRA ESCUELA NUESTRA MAESTRA NO SE VESTÍA ASÍ!

ANEMÓMETRO mide la velocidad y fuerza del viento.

AHORA, EN CUANTO AL CLIMA...

Nuestros copos de nieve por Miguel y Kisha

PREDICCIÓN FÁCIL DEL CLIMA

SUPERMETEORÓLOGO

Manga de Viento

sobre MOJADO
LLUVIA
GRANIZO
NIEVE

LAS AVENTURAS DEL METEORÓLOGO

EL METEORÓLOGO CONTRA LA TORMENTA

EL HOMBRE DE LAS NIEVES

LA TIERRA ESTÁ ENVUELTA EN UNA CAPA DE AIRE
por Tom

TIERRA — ATMÓSFERA

Nuestra atmósfera es una capa de aire de cientos de millas de espesor.

La mayor parte de nuestro clima sucede en la troposfera: las 8 millas de aire más cercanas a la Tierra

LA ATMÓSFERA
MILLAS DE ALTURA

- ~68† Termosfera
- 50 Mesosfera
- 30 Estratosfera
- 8 Troposfera
- 0 TIERRA

LA MAYORÍA DE LOS CAMBIOS DE CLIMA SUCEDEN AQUÍ.

Así que no nos sorprendió que una mañana la señorita Carola dijera:
—¡Es un día perfecto para nuestra excursión a la estación meteorológica!

¡NOS ENCONTRAREMOS CON UN EQUIPO DE METEORÓLOGOS Y ESTUDIAREMOS NUESTRA ATMÓSFERA!

LA SEÑORITA CAROLA DICE QUE PARA ENTENDER EL CLIMA HAY QUE CONOCER EL AIRE.

Y TAMBIÉN DEBEMOS CONOCER EL AGUA.

NO PUEDO VERLO.

AIRE

EL AIRE ES UNA MEZCLA DE GASES INVISIBLES
por Clara

EL AIRE PESA
por Rafa

Un globo inflado es más pesado que un globo vacío.

EL AIRE CONTIENE AGUA.
por Tina

1 DÍA 2 DÍAS 3 DÍAS

Cuando el agua se evapora, sus moléculas van al aire.

No habíamos terminado nuestros experimentos sobre el aire, pero con la Escarola al volante, ¡no se discute!

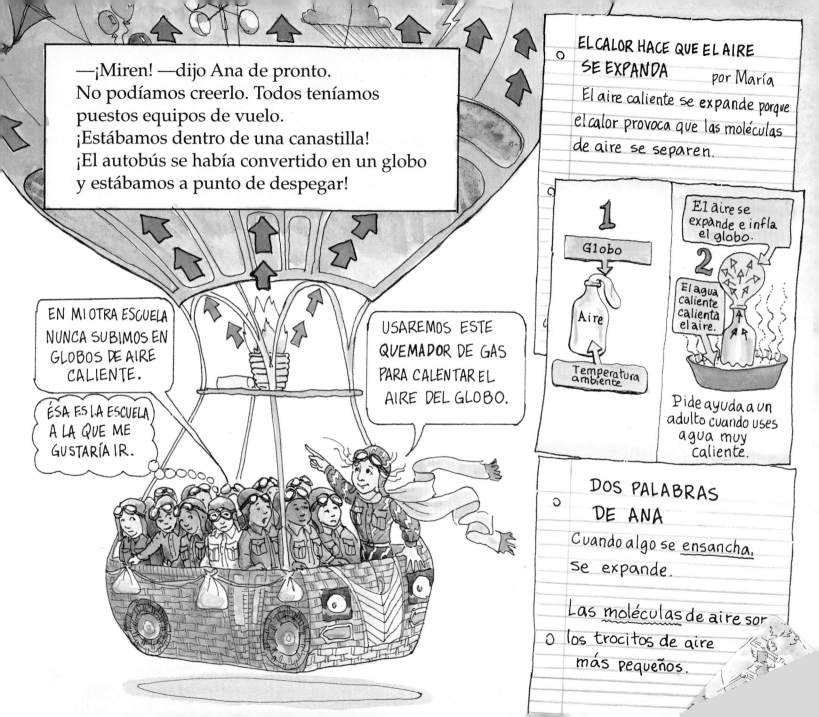

Empezamos a subir, y la señorita Carola dijo:
—Niños, ¿les mencioné que el aire caliente sube?

UNA PALABRA SOBRE EL CLIMA
por Ana

Cuando el agua se _condensa_, las moléculas de vapor de agua se unen para formar gotas de agua líquida.

—El aire caliente que sube de la Tierra lleva muchas moléculas de vapor de agua —siguió diciendo la señorita Carola—. Cuando el aire sube, se enfría. El agua se condensa en el aire y forma nubes.

¿TRAJISTE TU IMPERMEABLE, TEO?

DÍGANME QUE ESTO NO ESTÁ PASANDO....

El viento nos llevó al centro de una nube.
La señorita Escarola tenía razón: estaba húmedo allí.
La nube estaba formada por gotitas de agua suspendidas en el aire.

Abajo, los meteorólogos estaban bajo la lluvia. No nos veían dentro de la nube, pero podíamos escuchar sus voces.

—Espero que la maestra sepa que hay una *alerta de huracán* —dijo uno de ellos.

ESTOY ALERTA A MI RELOJ, TEO ¿ENTIENDES? ¡ALERTA... DE HURACANES!

VOY A FINGIR QUE NO ESCUCHO...

¿QUÉ ES UN HURACÁN?
por Rita

El huracán es una de las tormentas más violentas.

¡En un huracán, los vientos giran en círculo alrededor del centro de la tormenta a 74 millas por hora o más!

SÍMBOLO DE HURACÁN

MÁS PALABRAS DE ANA

Una alerta de huracán significa que un huracán puede llegar en las siguientes 36 horas.

Un aviso de huracán significa que es probable que haya un huracán en las siguientes 24 horas.

Un aviso es más urgente que una alerta.

¿QUÉ ES EL ECUADOR?
por Carlos

El Ecuador es una línea imaginaria que pasa por la mitad de la Tierra. Divide al globo en dos partes iguales.

ECUADOR

¿POR QUÉ HACE MÁS CALOR CERCA DEL ECUADOR?
por Miguel

Porque debido a la inclinación de la Tierra, los rayos del Sol casi siempre brillan hacia la mitad de la Tierra. Esto significa que allí no hay inviernos fríos.

Sol

RAYOS MÁS DIRECTOS

POLO NORTE

ECUADOR

TRÓPICOS

POLO SUR

Como siempre, la señorita Carola no prestó atención. Aumentó la fuerza del fuego y más aire caliente entró en el globo.

Al elevarnos por encima de la nube, el viento comenzó a empujarnos hacia el sur.

Al poco rato, habíamos viajado miles de millas. La señorita Carola dijo que estábamos sobre un océano tropical a unas quinientas millas al norte del Ecuador.

¡AH, MIREN ESA AGUA!

¡PODEMOS NADAR!

¡Y USAR UNA TABLA DE VELA!

¡Y BUCEAR!

CALIENTE

Abajo brillaban olas azul verdosas.
En una isla arenosa se mecían las palmeras.
Nos parecía como un paraíso de vacaciones.
Pero la Escarola dijo:
—¡Niños, hemos llegado a uno de los lugares del mundo donde nacen los huracanes!

NIÑOS, CASI TODOS LOS HURACANES SE FORMAN SOBRE LOS CÁLIDOS OCÉANOS TROPICALES.

HE OÍDO QUE LOS HURACANES SON PELIGROSOS.

Y LA SEÑORITA CAROLA NOS LLEVA A UNO.

¡LO HARÁ!

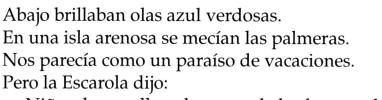

¿POR QUÉ LOS HURACANES TIENEN NOMBRES?   por Carmen

A menudo se forma más de un huracán.
Es más fácil seguirles la pista si se les pone nombre.
Algunos huracanes famosos:

- Agnes   · Gilberto
- Andrés   · Gloria
- Bob   · Hugo
- Elena

¡HOLA BOB!

¿QUÉ HAY GLORIA?

¿EN DÓNDE SE FORMAN LOS HURACANES?   por Tom

En las aguas tropicales cercanas al Ecuador

AMÉRICA DEL NORTE
ASIA
EUROPA
ÁFRICA
AMÉRICA DEL SUR
ECUADOR
AUSTRALIA

⚡Huracán
←Trayectoria del Huracán

—Niños, recuerden que cuando el aire caliente sube de la superficie del océano, el vapor de agua del aire se condensa y forma las nubes —dijo la Escarola. Abajo, más aire caliente llegó rápidamente de todos los costados para reemplazar el aire que subía. En el medio del aire que subía, se formó una columna de aire que bajaba. Empezamos a bajar con ella.

—Oh cielos —dijo la señorita Carola—. El globo debe haber sufrido una fuga.
El aire caliente salía rápidamente y el globo estaba cayendo.
—¡Niños, salten! —gritó la Escarola.
Saltó por la borda y nosotros la seguimos.
Supimos enseguida que había sido un gran error.

¿TODAS LAS TORMENTAS TROPICALES SE CONVIERTEN EN HURACANES?
por Amanda

No. En todo el mundo hay más de 100 tormentas tropicales al año. Sólo unas 60 de ellas adquieren la fuerza de un huracán.
Y sólo algunos huracanes llegan a lugares donde vive la gente.

¡APRESÚRATE Y SALTA, TEO!

¡NO PUEDO MIRAR!

¡SÍGANME, NIÑOS!

¿QUÉ HACE QUE LOS VIENTOS HURACANADOS SOPLEN EN CÍRCULO?
por Alejandro

Primero, los vientos soplan recto. Pero el movimiento de la Tierra alrededor de su eje los vuelve circulares.

LOS VIENTOS SE CURVAN

LA TIERRA GIRA

EJE

Cuanto más fuerte soplan los vientos, mayor es la curva que describen. Los vientos huracanados son muy rápidos, así que giran y giran hasta hacer un círculo.

El viento soplaba en las nubes formando un enorme círculo.

—La tormenta está empezando a tomar la forma típica de un huracán. ¿No es fascinante, niños? —gritó la señorita Carola.

¡AUXILIO!

¡ESTAMOS GIRANDO!

¡ME ESTOY MAREANDO!

No sólo era fascinante.
¡Era aterrador!
Estábamos atrapados en el borde de la tormenta,
girando en un torbellino gigante.
¡Ese torbellino era un huracán!

¿DE QUÉ TAMAÑO ES UN HURACÁN?
por Juan

Los huracanes son enormes.
¡Pueden tener unas 10 millas de alto y de 300 a 600 millas de ancho!

UN HURACÁN TÍPICO DURA UNOS 10 DÍAS.

RADIOESCUCHAS: LES DIREMOS TODO ACERCA DEL HURACÁN.

QUIZÁ SE LE ACABEN PRONTO LAS PILAS.

Estamos aquí dentro del huracán

LOS RAYOS SON ELECTRICIDAD
por Rafa

Las nubes se cargan de electricidad. Cuando el voltage es lo suficientemente alto, la electricidad pasa de un lugar a otro.
Entonces vemos los rayos.

¡LOS RAYOS SON CALIENTES!
por Kisha

Un rayo alcanza una temperatura de 50,000°F. O sea, ¡cinco veces más caliente que la superficie del Sol!

En las nubes a nuestro alrededor, relampagueaban rayos enormes.
Pensamos que todo había terminado, pero vimos de nuevo el autobús.
Se había convertido en un avión, de esos que exploran huracanes.
Nos deslizamos por una rampa de rescate y caímos en el avión... es decir, el autobús... hum... el avión.

¡DURANTE UNA TORMENTA ELÉCTRICA, LOS RAYOS PUEDEN PRODUCIR MÁS ELECTRICIDAD QUE LA QUE USA UNA CIUDAD GRANDE EN UNA SEMANA!

¡ES NUESTRO AUTOBÚS!

¡SE VE DISTINTO!

¡SUBAMOS YA!

¡REGRESEN!

TODOS A BORDO

Los truenos retumbaban.
Nos tapamos los oídos.
La señorita Carola hizo girar
el avión y fuimos justo hacia
el centro de la tormenta.
Teníamos la sensación de que
faltaba alguien.

La señorita Carola marcó ausente a Teo y voló directo hacia la tormenta.

Por todos lados había columnas de aire, llamadas torres calientes o chimeneas. Absorbían cada vez más aire caliente y húmedo del océano.
La energía calorica del aire alimentaba la tormenta y la hacía más poderosa.
¡El avión se sacudía y nosotros también!

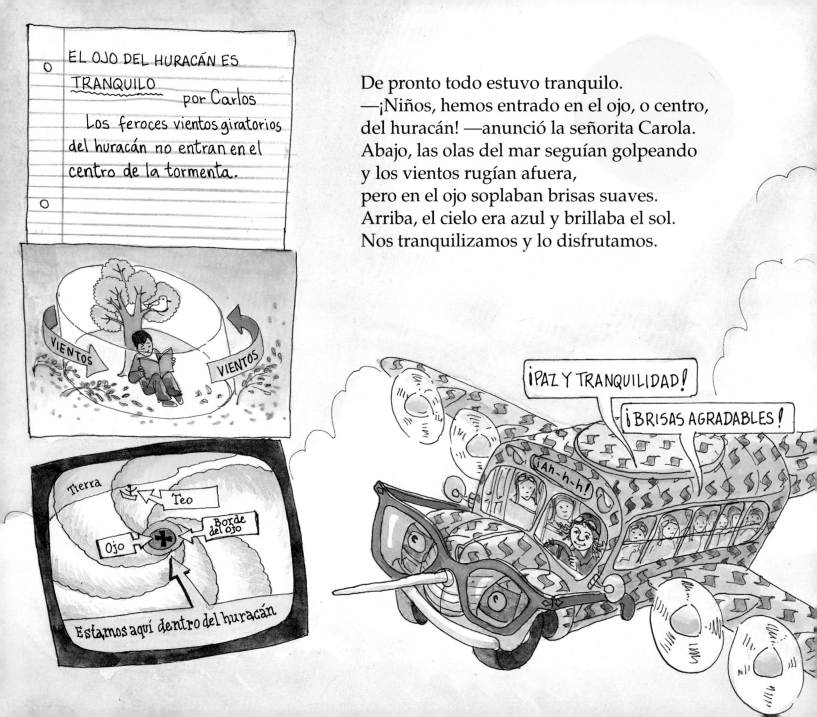

EL OJO DEL HURACÁN ES
TRANQUILO
                    por Carlos
    Los feroces vientos giratorios
del huracán no entran en el
centro de la tormenta.

VIENTOS   VIENTOS

Tierra
Teo
Ojo   Borde del ojo
Estamos aquí dentro del huracán

De pronto todo estuvo tranquilo.
—¡Niños, hemos entrado en el ojo, o centro,
del huracán! —anunció la señorita Carola.
Abajo, las olas del mar seguían golpeando
y los vientos rugían afuera,
pero en el ojo soplaban brisas suaves.
Arriba, el cielo era azul y brillaba el sol.
Nos tranquilizamos y lo disfrutamos.

¡PAZ Y TRANQUILIDAD!

¡BRISAS AGRADABLES!

¡Ah-h-h!

Volamos unas treinta millas a través del ojo.
Luego la Escarola dijo:
—Ahora, entraremos en el otro lado del borde del ojo.
—¡No, no vayamos! —gritamos; pero el avión ya estaba nuevamente en camino de los feroces vientos y lluvias del huracán.

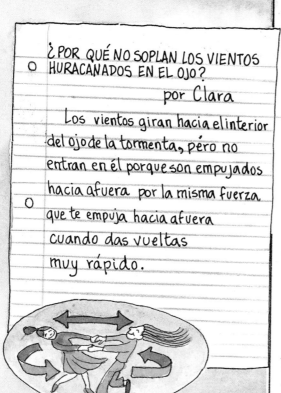

¿POR QUÉ NO SOPLAN LOS VIENTOS HURACANADOS EN EL OJO?

por Clara

Los vientos giran hacia el interior del ojo de la tormenta, pero no entran en él porque son empujados hacia afuera por la misma fuerza que te empuja hacia afuera cuando das vueltas muy rápido.

¡TRATAREMOS DE LLEGAR A TIERRA ANTES DE QUE EL HURACÁN **GOLPEE** CON TODA SU FUERZA!

¡BUENA IDEA!

EL HURACÁN SE ACERCA A TIERRA. HABRÁ GRANDES INUNDACIONES EN TODA LA COSTA.

¿CÓMO VIAJAN LOS HURACANES?
por Tina

Cuando un huracán comienza, por lo general se mueve lentamente (a unas 10 ó 20 millas por hora. A medida que la tormenta avanza hacia el norte, su velocidad puede aumentar hasta 60 millas por hora. Los huracanes pueden viajar cientos de millas cada día.

VELOCIDAD 25 MÁXIMA

¿QUÉ PARTE DEL HURACÁN ES LA MÁS FUERTE?
por Rita

El ángulo delantero derecho es la parte más fuerte porque los vientos giratorios se mueven en círculos hacia la costa. Suman su fuerza a la de los vientos que empujan a la tormenta hacia adelante.

¡Todo el huracán se movía por el océano hacia tierra, y nosotros íbamos con él!
—El ángulo delantero derecho del huracán, cuando miramos hacia la costa, tiene los vientos y las lluvias más fuertes, y las olas más altas —gritó la Escarola.
Y por supuesto, hacia allí voló.

UN HURACÁN SE MUEVE COMO UN TROMPO.

SE MUEVE DE DOS MANERAS.

DA VUELTAS...

...Y AVANZA HACIA ADELANTE.

EL MAYOR DAÑO OCURRIRÁ AQUÍ

TIERRA

OJO

FRENTE IZQUIERDO DE LA TORMENTA

FRENTE DERECHO DE LA TORMENTA

PARTE POSTERIOR DERECHA

PARTE POSTERIOR IZQUIERDA

MOVIMIENTO HACIA ADELANTE DE LA TORMENTA

HURACANES... ANTES Y AHORA
por Rafa

Antes, las propiedades sufrían menos daños. Ahora, como hay más construcciones en la costa, más casas y edificios resultan dañados por los huracanes.

¡Pero hoy día no se pierden tantas vidas! Antes, muchas personas morían porque no se sabía cuándo habría huracanes. Hoy, las predicciones meteorológicas nos avisan para que nos preparemos.

A medida que el huracán se acercaba a tierra, el viento arrancaba los árboles de raíz y hacía volar los techos de las casas.
También trajo a la costa una enorme pared de agua llamada ola ciclónica.
El océano subió diez pies sobre su nivel normal y, además, había olas gigantes.
Miramos horrorizados cómo la ola ciclónica barría la costa bajo nosotros.

NIÑOS, EN 1900, MÁS DE 6,000 PERSONAS SE AHOGARON CUANDO UNA ENORME OLA CICLÓNICA AZOTÓ LA ISLA DE GALVESTON, TEXAS.

ESO FUE HACE MUCHO TIEMPO.

HOY NO SUCEDERÍA.

CUBRIR VENTANAS CON TABLAS

BOLSAS DE ARENA

EVACUAR

Pero eso no fue nada comparado con el horror que sentimos cuando oímos a la Escarola gritar por encima del ruido del agua que rugía.

—¡Parece que nos estamos quedando sin combustible, niños!

Y era cierto: el avión caía en picada.

Al caer al agua, vimos a Teo que nos saludaba desde un techo cercano.

¿QUÉ ES UN TORNADO?
por Teo

Un tornado es un torbellino en forma de embudo que cuelga de un nubarrón.

50,000 pies de altura

Nubarrón enorme

De alguna manera Teo logró subir al avión antes de que nos arrastraran las olas del frente delantero del huracán.
El agua subía por las ventanillas.
¡Seguro que el avión se hundiría!
Entonces vimos que se acercaba una cosa oscura en forma de embudo.

CAÍMOS EN EL OCÉANO...

VOLAMOS DENTRO DEL OJO...

NOS RECOGIÓ UN BARCO PESQUERO...

LO PEOR FUE EL BORDE DEL OJO...

¡PENSAMOS QUE ERA NUESTRO FIN!

¡PENSAMOS QUE ERA NUESTRO FIN!

¡ES NUESTRO FIN!

—He visto esa forma en la televisión —dijo Rafa.
—¡Yo he leído sobre ella en un libro! —dijo Kisha.
El torbellino vino derecho hacia nosotros.
¡Cuando nos dimos cuenta, nos había levantado
y viajábamos en tornado!

NIÑOS, LOS TORNADOS OCURREN A MENUDO EN LOS BORDES DE LOS HURACANES QUE SE MUEVEN SOBRE LA TIERRA.

UN TORNADO TÍPICO DURA MUY POCO, APENAS UNOS MINUTOS.

CREO QUE MI VIDA SE ACABA DE ACORTAR.

¿SE PARECEN LOS TORNADOS Y LOS HURACANES?
por Felipe

Sí y no.
Los tornados y los huracanes son remolinos de vientos.
Pero los tornados:
1. son mucho más pequeños que los huracanes.
2. tienen vientos más rápidos en su mayoría.
3. destruyen casi todo lo que está en su camino.

Los tornados pueden girar a velocidades de 200 a 300 millas por hora.

¿PUEDEN REALMENTE LOS TORNADOS CARGAR OBJETOS?

por Kisha

¡Sí! Los tornados son como aspiradoras gigantes.
¡Levantan tierra, basura e incluso objetos grandes, como casas, autos, árboles y trenes!

Una vez un tornado levantó una caja de huevos y los depositó en el suelo a muchas millas.
¡No se rompió ninguno!

Al rato sentimos un golpe y miramos a nuestro alrededor. El tornado nos había depositado suavemente en el suelo.
Estábamos de nuevo en nuestro viejo autobús.
Llevábamos nuestra ropa de siempre.
El huracán había terminado y estábamos en una gasolinera.

POR LO GENERAL LAS COSAS QUE LEVANTA UN TORNADO SE ROMPEN...

PERO NO SIEMPRE.

¡QUÉ SUERTE!

SUPER

MÁGICA

HUEVOS CLOC CLOC · NI PÍO NI PA

NORMAL

SUPER

MÁGICA

La señorita Carola llenó el tanque
y seguimos nuestro viaje como si no hubiera
pasado nada.
—Como dije antes, niños, vamos a visitar la
estación meteorológica —dijo.

Los meteorólogos de la estación tenían mucho que decirnos sobre los huracanes. ¡*Nosotros* también!

LOS VIENTOS HURACANADOS GIRAN EN CÍRCULO DEBIDO A...

...LA ROTACIÓN DE LA TIERRA.

OYE... ESO ES CORRECTO...

HURACÁN

¿ESTÁS PREPARADO?

UN HURACÁN DE PRINCIPIO A FIN

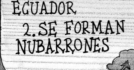

1. EL AIRE CALIENTE SUBE SOBRE LOS OCÉANOS TROPICALES CERCA DEL ECUADOR
2. SE FORMAN NUBARRONES

3. LOS VIENTOS EMPIEZAN A SOPLAR ALREDEDOR DEL OJO DE LA TORMENTA

4. LA TORMENTA AVANZA

Finalmente, regresamos a la escuela y terminamos nuestros proyectos sobre el clima.

EL FUTURO DE LOS HURACANES
¿MÁS, MÁS, MÁS?

por Amanda

Cuando la Tierra está más caliente, puede haber más huracanes.

Muchos científicos creen que la temperatura de la Tierra está aumentando. De ser verdad, podría haber más huracanes en el futuro.

EL CALENTAMIENTO GLOBAL PODRÍA SIGNIFICAR MÁS HURACANES...

...¡Y PODRÍAN SER MÁS FUERTES!

TRES COSAS MALAS QUE HACEN LOS HURACANES
por Juan

① Hacen daño a la gente
② Destruyen propiedades
③ Provocan inundaciones

TRES COSAS BUENAS QUE HACEN LOS HURACANES
por Gregorio

① Equilibran la temperatura de la Tierra al llevarse el aire caliente
② Llevan lluvia a los lugares secos
③ Limpian el aire con la lluvia que cae

Veleta
papel
popote
Tapa de bolígrafo
por Tom
Clavo

Pluviómetro
Deja la taza en la lluvia.
¿Cuántas pulgadas cayeron?
por Amanda

Después de ese viaje, necesitábamos descansar. La señorita Carola nos permitió hacer una fiesta.
Hubo juegos divertidos, bailamos como locos y la comida estuvo deliciosa.
¡Y por un rato, ni siquiera tuvimos que pensar en nuestro próximo viaje con la señorita Carola!